# ALLOCUTION

PRONONCÉE

*à la Cérémonie de la Bénédiction Nuptiale*

DE

M. Auguste BOULEAU

ET DE

Mademoiselle Claire LAMBERT

PAR

LE R. P. J.-M. LAMBERT

*Missionnaire Apostolique*
*Directeur de l'Œuvre des Prêtres Éducateurs*

EN

*l'Église paroissiale de N.-D. de Clignancourt*

A PARIS

le 10 Février 1912

# ALLOCUTION



*à la Cérémonie de la Bénédiction Nuptiale*

DE

M. AUGUSTE BOULEAU

ET DE

MADEMOISELLE CLAIRE LAMBERT

PAR

LE R. P. J.-M. LAMBERT

*Missionnaire Apostolique*
*Directeur de l'Œuvre des Prêtres Éducateurs*

EN

*l'Église paroissiale de N.-D. de Clignancourt*

A PARIS

le 10 Février 1912

Mes chers Enfants.

Vous êtes, l'un et l'autre, à un moment particulièrement solennel de votre vie.

Aussi, vous attendez-vous à n'enten-
dre sortir de mes lèvres que des paroles
graves : des paroles en harmonie avec
la solennité de ce moment : des paroles
qui s'impriment ineffaçablement dans
vos mémoires.

Puis-je faire mieux, pour répondre
à votre légitime attente, que de préci-
ser le sens et la portée de la cérémonie
religieuse qui va s'accomplir dans quel-
ques instants ?

Vous allez contracter publiquement,
devant l'Église, l'ayant déjà fait, dans

le secret de vos cœurs, devant Dieu,
une union sur laquelle l'Église, par la
bénédiction nuptiale qui va vous être
conférée, va apposer, en quelque sorte.
le sceau de Dieu lui-même.

Les formules sacrées qu'en ma qua-
lité de ministre de l'Église, je vais pro-
noncer, vont ratifier et sanctionner sur
terre ce qui a été approuvé et accepté
au Ciel.

Quoi donc ?

L'union de deux vies qui vont, à
partir de ce jour, se confondre et se
fondre au point de ne former qu'une
seule vie : l'union de deux êtres qui.
après s'être rencontrés et s'être con-
venu, vont désormais mettre en commun leurs intérêts, identifier. autant
que faire se peut, leurs pensées, leurs
désirs, leurs aspirations, leurs résolu-
tions, leur activité, leurs actes, et les
faire converger vers le même but.

Ce but, quel est-il ?

Le bonheur !

Le bonheur ! C'est le vœu que tous ceux qui vous entourent et qui vous ont accompagnés au pied de cet autel forment pour vous, en ce moment, dans l'intimité de leur cœur, et dont, tout à l'heure, l'expression viendra se formuler invariablement sur leurs lèvres.

Mais ce bonheur, quel est-il ?

En quoi consiste-t-il ?

Peut-on en espérer la réalisation et la possession ici-bas ?

J'écoute, et j'entends dire et redire autour de moi : *Le bonheur n'est pas de ce monde.* Et cette formule, banale à force d'être courante, semble traduire un sentiment général. Elle paraît dire que c'est se faire illusion, se bercer d'une chimère que de prétendre atteindre cette ombre insaisissable, communément désignée sous le nom de bonheur.

Ah ! c'est qu'en effet, le bonheur tel qu'on l'entend, pour l'ordinaire, n'est qu'une ombre, une ombre insaisissable.

Le plus souvent, on le fait consister dans la jeunesse et la santé, dans les richesses et le bien-être, dans les honneurs et les hautes situations, dans les plaisirs et les fêtes du monde.

Biens fugitifs, biens fragiles ; dont la durée est si courte, la possession si incertaine !

Non, non, le bonheur n'est pas dans ces choses. Ce sont là des choses qui passent, et le bonheur vers lequel, malgré tout et parfois malgré nous-mêmes, nous aspirons, ne doit point passer.

Que le bonheur de l'homme est un problème étrange !

a dit un poète contemporain, Sully-Prudhomme,

Toute bête, pourvu qu'elle s'accouple et mange
Et laisse entrer le jour dans ses yeux grands ouverts,
Est contente. Elle fait aux aliments offerts
Le même accueil joyeux qu'aux pâtures conquises,
Et ne tend au bonheur que par des convoitises.
Mais l'homme ne jouit longtemps et sans remords
Que des biens chèrement payés de ses efforts.
Et ses vœux, désertant la terre qu'ils dédaignent,
Aspirent où jamais les appétits n'atteignent,
Où son âme franchit les limites de l'air,
Au Ciel, inhabitable à ses poumons de chair (1).

Ah ! donc, montez, montez plus haut, vous qui cherchez le bonheur !

Montez, montez plus haut, car le bonheur n'est pas dans les créatures.

Montez, montez plus haut, car le bonheur n'est qu'en Dieu.

En Dieu, principe et auteur de notre être ;

(1) Sully-Prudhomme : *Le bonheur*. III, x.

En Dieu, terme final auquel nous devons tous aboutir :

En Dieu, beauté éternelle, bonté infinie, richesse inépuisable, plénitude de vie, bien suprême ;

En Dieu, qui seul peut suffire à nos aspirations vers l'infini, l'éternel.

« Seigneur, s'écriait Augustin, et après lui s'écrie toute humaine créature, Seigneur, Vous nous avez faits pour Vous, et nos cœurs seront inquiets et inapaisés tant qu'ils n'auront pas trouvé leur repos en Vous ! »

Or ce bonheur, que l'on trouve et que l'on goûte en Dieu seul; bonheur seul réel, seul possible, c'est celui que tous ici-bas nous devons désirer et rechercher.

La vie présente est donnée pour cela, donnée pour l'acheter, donnée pour l'acquérir.

C'est là, sachons-le bien, l'occupation quotidienne de la vie.

Ce doit être là le but suprême de toute pensée, de tout désir, de tout travail : en dehors de quoi la vie ne vaut pas la peine d'être vécue, condamnée qu'elle est, d'avance, au plus lamentable gaspillage, à la plus désastreuse des faillites...

Mes chers enfants, qui allez vous unir à jamais, en ce jour, par les liens sacrés du mariage chrétien, c'est bien ainsi, n'est-il pas vrai ? que vous avez compris l'acte accompli à cette heure, par vous.

Vous allez vous associer pour parvenir au bonheur ; non au bonheur illusoire, éphémère, tel que le rêvent des mondains ; mais au bonheur véritable et durable, tel que le rêvent des chrétiens.

Vous allez, dans ce but, mettre en commun votre foi, votre confiance, votre volonté, toute votre ardeur pour y parvenir.

Vous allez vous entr'aider en cette entreprise de conquête du bonheur.

Vous allez, en la partageant, vous en faciliter la tâche.

L'union fait la force.

Étant ainsi unis, vous serez forts.

Tout mariage chrétien n'a pas d'autre but que celui-là.

C'est là, du moins, son but suprême, l'idéal auquel tout, absolument tout, doit se ramener.

En demandant à l'Église de bénir votre union, demandez-lui aussi, et nous le demanderons tous avec vous, d'établir entre vous, par la vertu de cette bénédiction et de ses prières, une communauté parfaite de pensées, de désirs et d'efforts en vue du bonheur éternel.

Unis dans la foi, l'espérance et la charité, puissiez-vous marcher toujours sous le regard de Dieu, aidés du secours de sa grâce, fortifiés par la bienfaisante vertu de ses Sacrements, vers le séjour du vrai, de l'immuable bonheur !

Ce faisant, vous aurez déjà, croyez-moi, un avant-goût de ce bonheur sur la terre.

Tout à l'heure, je vous rappelais le dicton populaire : *Le bonheur n'est pas de ce monde.*

C'est une erreur ! Si le bonheur complet, parfait, n'est pas de ce monde, il y a déjà, dès ce monde, un bonheur réel, profond, annonciateur et prometteur du bonheur parfait et éternellement durable.

C'est le bonheur résultant de cette

communauté de pensées, de désirs et d'efforts dont je parlais tout à l'heure ; de cette conformité des actes en vue de plaire à Dieu ; de l'accomplissement fidèle des menus devoirs d'état, de l'acceptation sans murmure des inévitables épreuves de la vie ; de la paix d'une conscience en règle, de la joie intime produite par cette vie d'union en Dieu...

Ce bonheur est celui que je vous souhaite, au nom de la Sainte Église, qui vous aime comme la meilleure des mères.

Puissiez-vous, mes chers enfants, le goûter ici-bas, aussi longtemps et dans la plus large mesure possible, en attendant que vous entriez en jouissance de la plénitude du bonheur que Dieu réserve là-haut à ses Élus !

IMPRIMERIE DE MONTLIGEON. — 3380-2-12